FICHE DE LECTURE

Document rédigé par Marion Munier
docteure ès lettres modernes
(Université de Bourgogne – Université Complutense de Madrid)

Le Vicomte pourfendu

Italo Calvino

lePetitLittéraire.fr

Italo Calvino
Écrivain, philosophe et journaliste italien

- **Né en 1923 à Cuba**
- **Décédé en 1985 à Sienne**
- **Quelques-unes de ses œuvres :**
  Le Vicomte pourfendu (1952), conte
  Le Baron perché (1957), conte
  Le Chevalier inexistant (1959), conte

Italo Calvino est né en 1923 à Cuba, mais il retourne à l'âge de deux ans en Italie, le pays d'origine de ses parents. Pendant la Seconde Guerre mondiale, il combat dans la résistance italienne, une expérience qui nourrit son premier roman, *Le Sentier des nids d'araignées*, publié en 1947. Tout en poursuivant une carrière de journaliste, il continue à écrire. Il obtient la reconnaissance publique dans les années cinquante avec la publication de sa trilogie *Nos ancêtres*. En 1960, il s'installe à Paris et, à la demande de Raymond Queneau, il intègre l'OuLiPo, qui regroupe des auteurs expérimentaux. Il publie encore de nombreuses œuvres dont *Les Villes invisibles* en 1972. Il meurt en 1985.

Le Vicomte pourfendu

Une vision allégorique de la condition humaine

- **Genre :** roman
- **Édition de référence :** *Le Vicomte pourfendu*, traduit de l'italien par Juliette Bertrand, Paris, Albin Michel, coll. « Le Livre de Poche », 1955, 160 p.
- **1re édition :** 1952
- **Thématiques :** dualité, bonté, cruauté, humour, fantastique, guerre

Le Vicomte pourfendu, publié en 1952, est le premier ouvrage de la trilogie *Nos ancêtres* qui comporte aussi *Le Baron perché* (1957) et *Le Chevalier inexistant* (1959). Ces trois fables fantastiques proposent une vision allégorique de la condition humaine. *Le Vicomte pourfendu* raconte la vie du vicomte Médard, coupé en deux à la verticale par un boulet de canon. Depuis, chaque partie de son corps vit de manière autonome : la droite est mauvaise et sème le malheur dans son village, tandis que la gauche est bonne et ne fait que le bien. Ce faisant, Italo Calvino illustre la complexité de l'être humain, et montre que la bonté et la cruauté, lorsqu'elles sont poussées à l'extrême, sont également inhumaines.

RÉSUMÉ

LA MAUVAISE MOITIÉ

Le vicomte Médard de Terralba part en guerre contre les Turcs en compagnie de son écuyer, Kurt. Il a été nommé lieutenant et, malgré le fait que ce dernier lui explique les désastres du champ de bataille, il a hâte de combattre. Lors d'une violente bataille, Kurt est blessé tandis que le vicomte reçoit un boulet de canon qui le coupe en deux à la verticale. À son retour, les villageois découvrent qu'il a perdu la partie gauche de son corps. Quelque chose a changé en lui, et le vicomte refuse de rendre visite à son père, le vieil Aiulphe, qui lui envoie son oiseau préféré pour nouer le contact : Médard torture l'animal et le coupe en deux. Et ce n'est pas tout : le lendemain, le patriarche est retrouvé mort dans sa volière.

Très vite, les villageois découvrent que le vicomte coupe en deux tout ce qu'il trouve sur son passage : fruits, grenouilles et champignons. Il donne d'ailleurs à son neveu (le fils né hors mariage de sa sœur) des moitiés de champignons vénéneux, afin qu'il s'en fasse une fricassée, ce qui fait dire à sa vieille nourrice, Sébastienne, que « [c]'est la mauvaise moitié de Médard qui est revenue » (p. 29). Par la suite, cette part du vicomte n'a de cesse d'essayer de tuer son neveu, notamment en trafiquant une passerelle de bois. Devenu tyrannique, le vicomte qui préside un procès contre des brigands, décide que les accusés, tout comme les victimes, seront pendus.

En outre, feignant de vouloir aider le Dr Trelawney, qui a délaissé la médecine pour s'intéresser aux insectes et aux ammonites, Médard fait exécuter des paysans : de cette manière, il pourra remplir le cimetière et ainsi provoquer les feux follets que le scientifique étudie.

Ayant désormais la lubie des incendies, le vicomte met le feu partout, causant parfois la mort de paysans. Il va même jusqu'à incendier une partie de son propre château : sa nourrice est blessée, mais il prétend que les brulures de cette dernière sont des symptômes de la lèpre. Ne supportant plus ses critiques, il décide de se débarrasser de la vieille femme et l'envoie alors à Préchampignon, le lieu-dit où les malades de la lèpre passent leur temps à jouer des instruments de musique. Au même moment, le lépreux Galatheus vient ramasser des vivres au village, puis retourne à Préchampignon.

Le Dr Trelawney ayant déçu le neveu de Médard en refusant d'ausculter Sébastienne, ce dernier décide de se rapprocher d'une famille de huguenots (protestants calvinistes) venue de France, et devient ami avec Esaü, un huguenot de son âge fasciné par le péché.

Les huguenots surveillent attentivement leur maison pour la préserver de la folie incendiaire du vicomte. Un jour, lors d'un violent orage, celui-ci vient leur demander l'hospitalité, il tente de les corrompre et de les attirer au château, mais les huguenots refusent. Vexé, Médard s'en va en les menaçant. Alors que le neveu de Médard se rend à Préchampignon pour retrouver Sébastienne, il découvre que les lépreux se livrent à des orgies ; la nourrice l'éloigne, et lui donne un remède contre la maladie.

LE BON ET L'INFORTUNÉ

Le vicomte décide de tomber amoureux de Paméla, une petite bergère, à qui il donne rendez-vous. Elle s'y rend, mais refuse de le suivre au château où il veut l'enfermer. Il menace alors ses parents qui cèdent et sont prêts à lui livrer leur fille. Pour échapper au vicomte, Paméla décide d'aller se cacher dans une grotte dans la forêt, en compagnie d'un canard et d'une chèvre.

Le lendemain, le vicomte sauve son neveu de la noyade et, pour le protéger, se fait piquer à sa place par une araignée vénéneuse. Le jeune homme s'étonne que Médard ne soit pas habillé comme d'habitude et qu'il se montre gentil. À la recherche d'une herbe pour soigner sa piqure, il se rend alors chez Sébastienne mais, lorsqu'il croise à nouveau son oncle, la mauvaise moitié de celui-ci a repris le dessus. Désemparé, le jeune homme raconte ses aventures au Dr Trelawney, qui semble penser que ce n'est pas le même vicomte, mais n'en dit pas plus. La dualité de Médard se confirme par la suite : il alterne bonnes et mauvaises actions.

Lorsque Paméla rencontre le vicomte, elle comprend, elle aussi, qu'il a une double personnalité : « Le vicomte qui vit au château, celui qui est mauvais, c'est une moitié. Vous, vous êtes l'autre moitié, qu'on croyait disparue à la guerre et qui est revenue. » (p. 87) La bonne moitié de Médard raconte que deux ermites l'ont trouvé sur le champ de bataille et qu'ils l'ont soigné. Lorsque Paméla lui révèle que sa mauvaise moitié la poursuit de ses avances et terrifie toute la région par sa barbarie, le bon côté de celui-ci lui avoue son amour.

Chaque visite aux malades effectuée par le médecin, accompagné du neveu de Médard, est précédée d'une marque du passage du bon vicomte, mais sa mauvaise partie, surnommée l'Infortuné, ne manque jamais de faire irruption et de semer le mal. Le Bon continue cependant de faire le bien, tâche dans laquelle Paméla l'assiste, alors que l'Infortuné tente, en vain, de le tuer.

Le Bon demande au menuisier Pierreclou de créer des engins mis en action par la bonté et non par la méchanceté, mais celui-ci n'arrive à rien. Ses sbires proposent alors au Bon de s'attaquer à sa place à l'Infortuné, mais il refuse. Pendant ce temps, le menuisier construit une potence « à pendre de profil » que lui a commandée l'Infortuné.

Seule la vieille Sébastienne n'apprécie pas le Bon : elle lui reproche, en effet, les mauvaises actions de son autre moitié. De plus, selon elle, en voulant faire le bien, il cause parfois le mal. Par exemple, il fait sans cesse la morale aux lépreux qui, ne trouvant plus aucun réconfort dans la musique et la débauche à cause de lui, sombrent dans le désespoir. D'autres personnes se rallient peu à peu à l'opinion de la nourrice, et commencent à critiquer le Bon, estimant que « [d]es deux moitiés la bonne est pire que la mauvaise » (p. 110).

Pendant ce temps, chacune des deux parties du vicomte demande aux parents de Paméla d'épouser l'autre : le Bon veut se sacrifier pour qu'elle épouse l'Infortuné, l'Infortuné pour qu'elle épouse le Bon, pour après pouvoir la réclamer comme légitime épouse. La jeune femme décide d'épouser le Bon, mais l'Infortuné fait valoir ses droits. Les deux parties de Médard se disputent et se battent lors d'un duel, affrontement au cours duquel elles rouvrent leurs cicatrices. Le Dr Trelawney parvient toutefois à recoudre et à soigner les deux moitiés. Médard redevient alors celui qu'il était avant la guerre : ni bon, ni méchant. Le médecin s'embarque alors sur le navire du capitaine Cook et s'en va, laissant le neveu du vicomte seul.

ÉTUDE DES PERSONNAGES

LE VICOMTE MÉDARD DE TERRALBA

Le jeune Médard

On n'a aucune description physique du personnage ; on sait seulement qu'il est jeune lorsqu'il va à la guerre. Son innocence l'aveugle et il a hâte de combattre alors qu'il est entouré par la mort, la souffrance et la consternation. Son intrépidité lui fait ignorer le danger jusqu'à ce qu'il se fasse couper en deux par un coup de canon.

L'Infortuné : la moitié droite

L'Infortuné torture les animaux et les êtres humains. Il est cruel et aime faire souffrir. Selon lui, « la beauté, la sagesse et la justice n'existent que dans ce qui est mis en pièces » (p. 60). Sa sauvagerie est gratuite, mais il semble être sensible à une certaine esthétique de la souffrance, d'où la construction de potences qui forcent l'admiration de tous et sa tentative de pousser les huguenots à renier leur foi en les invitant à la cour.

Le Bon : la moitié gauche

Le Bon, lui, ne semble vouloir faire que le bien, mais très vite, les villageois découvrent l'ambiguïté de cette démarche. En effet, souvent, à force de vertu, il provoque le mal : ainsi, il détourne les lépreux de leurs plaisirs (la musique et la débauche), ce qui entraine leur désespoir.

Le vicomte réassemblé

Une fois reconstitué, le vicomte « redevint un homme entier, ni méchant ni bon, mélangé de bonté et de méchanceté, c'est à dire un être ne différant pas en apparence de ce qu'il avait été avant d'être pourfendu » (p. 121). Il vit heureux avec Paméla et a de nombreux enfants.

LE NARRATEUR

On ignore son nom. On sait qu'il est le neveu du vicomte, le fils né hors mariage de sa sœur et d'un braconnier. Orphelin, il semble avoir été recueilli enfant par son grand-père et élevé par la nourrice Sébastienne. Il vit dans une cabane dans la forêt et se prend successivement d'affection pour le docteur, puis pour les huguenots et, enfin, pour Paméla la bergère. Après le départ du médecin, il reste seul et triste. Il a sept ou huit ans au début du récit et il arrive à l'adolescence à la fin.

SÉBASTIENNE

Sébastienne est la vieille nourrice qui a élevé le vicomte. Elle est la seule qui s'oppose à lui. Il l'envoie vivre chez les lépreux après avoir essayé de la tuer dans un incendie. Elle condamne les deux parties du vicomte. Elle a une bonne connaissance des plantes.

LE Dr TRELAWNEY

Il a parcouru les océans à bord du navire du capitaine James Cook (navigateur britannique, 1728-1779). Le nom du personnage est tiré de *L'Île au trésor* de Robert Louis Stevenson (écrivain écossais, 1850-1894). Au début du récit, il ne soigne personne et se passionne pour les plantes, les pierres et les feux follets. Petit à petit, il se remet à la médecine et s'intéresse au cas du vicomte, qu'il réussit à reconstituer. Il repart en mer à la fin du récit.

PAMÉLA

C'est une jeune bergère capable de communiquer avec les animaux. Les deux parties du vicomte tombent amoureuses d'elle. Elle est courageuse et déterminée car elle résiste aux assauts de l'Infortuné. Elle semble éprouver de la tendresse pour le Bon. Déçue par ses parents qui veulent l'abandonner à l'Infortuné, elle part vivre dans la forêt. Paméla finit par épouser le vicomte. Elle se réjouit de son réassemblage et s'écrie : « J'aurai enfin un mari avec tous ses attributs. » (p. 121)

MAITRE PIERRECLOU

Il est charpentier et sellier. C'est lui qui construit des potences toujours plus ingénieuses et spectaculaires. Il culpabilise de construire des engins de mort et échoue dans l'élaboration de machines servant le bien. À la fin du roman, il construit des moulins.

CLÉS DE LECTURE

UNE NARRATION TEINTÉE DE NAÏVETÉ

Dès les premières lignes du *Vicomte pourfendu*, le passage « On faisait la guerre aux Turcs. Le vicomte Médard de Terralba, mon oncle, chevauchait à travers les plaines de Bohème » (p. 5) nous apprend que le narrateur est le neveu du personnage principal du récit. Mais c'est aussi un personnage de l'action puisqu'à de nombreuses reprises, il est la victime directe des attaques de la moitié maléfique de son oncle.

La présence de la première personne du singulier et le fait que le lecteur suive le récit à travers les yeux du jeune garçon qui livre ses pensées nous permet de déduire que la focalisation est interne.

Néanmoins, les deux premiers chapitres racontent des évènements qui se sont produits sur le champ de bataille : le narrateur retranscrit avec précision les conversations entre le vicomte et son écuyer alors qu'on apprend au début du troisième chapitre qu'il n'y était pas présent. Il précise : « J'avais sept ou huit ans quand mon oncle revint à Terralba. » (p. 19) Il sait même ce que son oncle pense : « Il n'avait dans le cœur ni nostalgie ni doute ni appréhension » (p. 11-12), ce qui nous laisse supposer que dans les deux premiers chapitres, le narrateur est omniscient.

Le fait que ce dernier soit un enfant a des répercussions sur le récit des évènements : cela peut expliquer la teinte quelque peu surnaturelle de l'histoire et la naïveté qui en ressort. Il raconte ce qu'il a vu et compris à travers son regard enfantin. De là la possibilité pour le lecteur de s'interroger sur la réalité des évènements contés : le merveilleux est-il réellement omniprésent ou l'enfant déforme-t-il ce qu'il a vécu ?

LA DIMENSION FANTASTIQUE DU RÉCIT

Dans son *Introduction à la littérature fantastique*, Tzvetan Todorov (critique littéraire français d'origine bulgare né en 1939) explique : « Le fantastique, c'est l'hésitation éprouvée par un être qui ne connait que les lois naturelles face à un évènement en apparence surnaturel. » (p. 29) Des éléments inexplicables se produisent et il est difficile d'évaluer s'ils relèvent du réel ou du surnaturel.

Le Vicomte pourfendu d'Italo Calvino ne semble pas à première vue répondre à cette définition : en effet, le narrateur ne laisse subsister aucun doute quant à la réalité des évènements. Dès le premier chapitre, les éléments d'ordre surnaturel qui surgissent semblent tout à fait normaux : les cigognes dévorent les cadavres, et les courtisanes sont infestées de scorpions et de lézards. De même, si l'arrivée du vicomte au village terrifie les habitants, ceux-ci semblent admettre la situation comme allant de soi et ne s'interrogent pas sur les raisons de sa survie. Ils acceptent tous qu'un être coupé en deux puisse vivre et son réassemblage ne semble pas plus compliqué que cela. Le narrateur explique : « Le docteur avait eu soin de faire coïncider tous les viscères et toutes les artères des deux côtés. » (p. 120) L'opération d'à peine une demi-heure rend son intégrité physique au vicomte et, là encore, personne ne s'en étonne.

Cette accumulation de faits irréels acceptés fait balancer le récit vers le genre merveilleux. En effet, celui-ci se caractérise par l'irruption de faits surnaturels qui sont admis.

Mais si l'on prend en compte le fait que le narrateur n'est âgé que d'une dizaine d'années, le doute surgit chez le lecteur : l'irréalité du récit ne viendrait-elle pas de l'imagination et de la naïveté de l'enfant qui a retranscrit avec fantaisie des faits explicables pour des adultes ? Il est alors difficile de statuer sur le statut du texte qui dépend du point de vue du lecteur : soit il accepte comme plausibles tous les éléments et le texte relève du merveilleux, soit il doute de la véracité du récit et trouve une explication dans la jeunesse du narrateur, et le texte est alors fantastique.

LA DUALITÉ DE L'ÊTRE

Le Vicomte pourfendu raconte comment un homme coupé en deux par un boulet devient double : une partie de son corps incarne la bonté tandis que l'autre représente le mal.

Il est intéressant de constater qu'avant même d'être blessé, le caractère du jeune homme est déjà ambigu. Il est heureux d'aller à la guerre et il est content d'avoir tué un premier Turc. En cela, il peut être considéré comme mauvais, selon la morale contemporaine. Mais à l'époque où l'histoire se déroule, au XVIIe siècle, tuer un non-catholique est considéré comme un acte salvateur.

Du reste, il est significatif de remarquer que lorsque le vicomte redevint entier, la vie des villageois ne change pas totalement : « Peut-être nous attendions-nous à ce que le vicomte redevenu entier, une ère de bonheur merveilleux s'ouvrît pour nous. Mais il est clair qu'il ne suffit pas d'un vicomte complet pour que ce monde entier soit complet. » (p. 121-122) Cette constatation contraste avec la cruauté et la barbarie avec lesquelles l'Infortuné traitait les villageois et peut susciter la surprise chez les lecteurs. La fin des massacres et des incendies ne suffit-elle pas à rendre le peuple heureux ?

Ce faisant, l'auteur dépeint un monde où la bonté et la méchanceté sont toutes les deux impossibles car aussi inhumaines l'une que l'autre. En effet, l'homme est un être complexe, fait d'ombre et de lumière. La vérité absolue n'existe pas, et l'envisager engendre des désastres.

UNE ŒUVRE PLEINE D'HUMOUR

Le Vicomte pourfendu est une œuvre où l'humour occupe une place prédominante. L'auteur utilise différents procédés afin de peindre de manière distanciée un monde violent et cruel :

- la métaphore devient réelle : par exemple, le premier soldat que le vicomte et son écuyer rencontrent sur le champ de bataille se plaint de « prendre racine » (p. 9) alors qu'il est recouvert de mousse et de moisissure ;
- l'hyperbole : les personnages et les faits sont décrits dans l'excès. Ainsi, les courtisanes du camp grouillent de bêtes : « Maintenant elles ne sont plus seulement couvertes de tiques, de punaises et de morpions ; les scorpions et les lézards verts font leurs nids sur elles. » (p. 9) De même, le docteur utilise pas moins d'un kilomètre de bandage pour assembler les deux moitiés du vicomte ;
- l'ironie : l'auteur dépeint un monde en décalage avec ce qu'il devrait être et joue avec les apparences. Ainsi, le fils du huguenot est passionné par les péchés, la nourrice se révèle meilleure médecin que le docteur qui est tétanisé par les malades et la potence devient une œuvre d'art que tous viennent à regretter lorsqu'on l'enlève ;
- l'humour macabre : à plusieurs reprises, l'auteur détourne le macabre des descriptions ou des faits grâce à des pointes d'humour. Ainsi, sur le champ de bataille, des doigts coupés indiquent aux personnages la direction à suivre et les cigognes remplacent les vautours pour dévorer les cadavres.

PISTES DE RÉFLEXION

QUELQUES QUESTIONS POUR APPROFONDIR SA RÉFLEXION…

- Quelle vision l'auteur donne-t-il de la guerre dans cette œuvre ?
- Selon vous, l'auteur recherche-t-il ou non un effet réaliste ? Justifiez.
- Est-ce l'amour ou la haine qui permet la reconstitution du vicomte ? Justifiez votre réponse.
- Dans *Le Fantastique,* Gilbert Millet et Denis Labbé proposent de définir le fantastique comme « l'inconcevable devenu réalité » qui ne fonctionne qu'avec l'assentiment du lecteur qui accepte l'invraisemblable. Cette définition vous parait-elle applicable au *Vicomte pourfendu*?
- Au chapitre 9, des lépreux disent que « des deux moitiés la bonne est pire que la mauvaise » (p. 110). Qu'en pensez-vous? Étayez votre réponse en vous appuyant sur le texte.
- L'Infortuné justifie ses mauvaises actions par le fait qu'être mutilé permet d'avoir une vision plus complète de la réalité. Qu'en pensez-vous?
- Italo Calvino fait référence à *L'Île au trésor* de Stevenson en réutilisant le nom de Trelawney. Stevenson a également écrit *Docteur Jekyll et Mr Hyde* (1886). Quelles similitudes et dissemblances pouvez-vous relever entre cette œuvre et *Le Vicomte pourfendu* ?

- Comparez l'existence du personnage de Clarimonde dans *La Morte amoureuse* de Théophile Gauthier à celle du vicomte.

POUR ALLER PLUS LOIN

ÉDITION DE RÉFÉRENCE

- Calvino I., *Le Vicomte pourfendu*, traduit de l'italien par Juliette Bertrand, Paris, Albin Michel, coll. « Le Livre de Poche », 1955.

ÉTUDES DE RÉFÉRENCE

- Millet G. et Labbé D., *Le Fantastique*, Paris, Belin, 2005.
- Todorov T., *Introduction à la littérature fantastique*, Paris, Seuil, 1970.

Gaudé
- La Mort du roi Tsongor
- Le Soleil des Scorta

Gautier
- La Morte amoureuse
- Le Capitaine Fracasse

Gavalda
- 35 kilos d'espoir

Gide
- Les Faux-Monnayeurs

Giono
- Le Grand Troupeau
- Le Hussard sur le toit

Giraudoux
- La guerre de Troie n'aura pas lieu

Golding
- Sa Majesté des Mouches

Grimbert
- Un secret

Hemingway
- Le Vieil Homme et la Mer

Hessel
- Indignez-vous !

Homère
- L'Odyssée

Hugo
- Le Dernier Jour d'un condamné
- Les Misérables
- Notre-Dame de Paris

Huxley
- Le Meilleur des mondes

Ionesco
- Rhinocéros
- La Cantatrice chauve

Jary
- Ubu roi

Jenni
- L'Art français de la guerre

Joffo
- Un sac de billes

Kafka
- La Métamorphose

Kerouac
- Sur la route

Kessel
- Le Lion

Larsson
- Millenium I. Les hommes qui n'aimaient pas les femmes

Le Clézio
- Mondo

Levi
- Si c'est un homme

Levy
- Et si c'était vrai…

Maalouf
- Léon l'Africain

Malraux
- La Condition humaine

Marivaux
- La Double Inconstance
- Le Jeu de l'amour et du hasard

Martinez
- Du domaine des murmures

Maupassant
- Boule de suif
- Le Horla
- Une vie

Mauriac
- Le Nœud de vipères

Mauriac
- Le Sagouin

Mérimée
- Tamango
- Colomba

Merle
- La mort est mon métier

Molière
- Le Misanthrope
- L'Avare
- Le Bourgeois gentilhomme

Montaigne
- Essais

Morpurgo
- Le Roi Arthur

Musset
- Lorenzaccio

Musso
- Que serais-je sans toi ?

Nothomb
- Stupeur et Tremblements

Orwell
- La Ferme des animaux
- 1984

Pagnol
- La Gloire de mon père

Pancol
- Les Yeux jaunes des crocodiles

Pascal
- Pensées

Pennac
- Au bonheur des ogres

Poe
- La Chute de la maison Usher

Proust
- Du côté de chez Swann

Queneau
- Zazie dans le métro

Quignard
- Tous les matins du monde

Rabelais
- Gargantua

Racine
- Andromaque
- Britannicus
- Phèdre

Rousseau
- Confessions

Rostand
- Cyrano de Bergerac

Rowling
- Harry Potter à l'école des sorciers

Saint-Exupéry
- Le Petit Prince
- Vol de nuit

Sartre
- Huis clos
- La Nausée
- Les Mouches

Schlink
- Le Liseur

Schmitt
- La Part de l'autre
- Oscar et la Dame rose

Sepulveda
- Le Vieux qui lisait des romans d'amour

Shakespeare
- Roméo et Juliette

Simenon
- Le Chien jaune

Steeman
- L'Assassin habite au 21

Steinbeck
- Des souris et des hommes

Stendhal
- Le Rouge et le Noir

Stevenson
- L'Île au trésor

Süskind
- Le Parfum

Tolstoï
- Anna Karénine

Tournier
- Vendredi ou la Vie sauvage

Toussaint
- Fuir

Uhlman
- L'Ami retrouvé

Verne
- Le Tour du monde en 80 jours
- Vingt mille lieues sous les mers
- Voyage au centre de la terre

Vian
- L'Écume des jours

Voltaire
- Candide

Wells
- La Guerre des mondes

Yourcenar
- Mémoires d'Hadrien

Zola
- Au bonheur des dames
- L'Assommoir
- Germinal

Zweig
- Le Joueur d'échecs

Et beaucoup d'autres sur lePetitLittéraire.fr

www.lepetitlitteraire.fr

ISBN version imprimée : 978-2-8062-1160-6
ISBN version numérique : 978-2-8062-2015-8
Dépôt légal : D/2013/12.603/356